JN409279

신현복 시인

◆신현복◆
충남 당진 출생. 2005년《문학.선》등단.
다시올문학 편집위원 (주)한라 홍보팀근무
시집『동미집』『호수의 중심』
clstone@naver.com

호수의 중심

011
다시올시인선

호수의 중심

신현복 시집

다시올

▣ 시인의 말 ▣

첫 시집 『동미집』 출간 이후 8년 만이다
그동안 게으르기도 했지만, 고민이 없었던 것은 아니다
주변의 전문가들은 내 시가 너무 쉽다고 한다
주변 사람은 여전히 어렵다고 한다
그럼, 어떤 시를 써야 할 것인가?

결론은, 주변 사람에게 더 가까이 가기로 했고
소통할 수 있는 시를 쓰려고 노력했지만
여전히 모자라고 턱없이 부족하다
시(詩)의 행간(行間)보다 삶의 행간을 더 다듬으려
노력해야 함도 잊지 말아야 하겠다
내 시를 읽고 그냥 빙그레 웃었으면 좋겠다

이 시집은 이렇게 살아왔다는 보고서가 아니라
이렇게 살아가고 싶다는 반성문이다

더불어 함께 살면서
읽을수록 여운 있는 행(行)을 써가고 싶다
그래, 다시 시작이다

2017. 3.
신 현 복

차례

시인의 말 _ 6

1부 아내의 자전거

들꽃 _ 15
냉이를 캐다가 _ 16
아내의 자전거 _ 18
별천지 _ 20
무시 _ 21
누이 _ 22
집 _ 23
복도식 아파트 _ 24
덤 _ 26
옥석구분 _ 27
광고전단 _ 28
빈집 _ 30
된장국이 먹고 싶다 _ 32
송구영신(送舊迎新) _ 34
가을 _ 35
질문 _ 36

2부 호수의 중심

너무 아프지 마! _ 41
반란 _ 42
소나기 _ 44
참새 _ 46
조심 _ 47
봄날 _ 48
비비탄에 맞다 _ 49
전(煎), 아버지 전(前) _ 50
철퍽, 그리움에 빠지다 _ 52
유명세 _ 54
산방(山房)에서 _ 55
순환선 _ 56
호수의 중심 _ 58
적절 _ 59
동네 골프연습장 _ 60
유쾌한 반란 _ 62

차례

3부 동행(同行)

우회전 금지 _ 67
친구에게 _ 68
고집 _ 70
길 _ 72
무산 _ 74
동행(同行) _ 75
소복갈비 _ 76
오래된 연필통 _ 78
살구나무가 있던 자췻집 _ 80
인기 _ 82
꽃 다 지겠다 _ 83
알까기 _ 84
봄밤 _ 85
원기소가 먹고 싶다 _ 86
피어라, 꽃 _ 88
빈집 · 2 _ 90
기대 _ 91

4부 때론, 부재중이고 싶다

설상가상 _ 95
자화상 _ 96
양지암에서 _ 98
일갈(一喝) _ 100
여론 _ 101
무관심 _ 102
중독(中毒) _ 104
행운목 _ 105
하선암에서 _ 106
대우 _ 107
때론, 부재중이고 싶다 _ 108
띄어쓰기 _ 110
복합건물 _ 111
나는 똥개다 _ 112
요체 _ 113
들꽃 · 2 _ 114
달팽이 _ 116
쇄신 _ 117
시작론(論) _ 118

작품해설

박남희 / 공동체적 윤리와 천진성의 시학 _ 123

1부

아내의 자전거

들꽃

다행입니다

내가 가장 아름답고 향기로울 때

당신 코끝이 닿았네요

모쪼록 저기 마을 어귀쯤을 지날 때까진

내 향이 아주 쪼금만이라도

여전히 묻어 있었으면 좋겠습니다

당신 눈빛도 향기

참 고우네요

냉이를 캐다가

냉이를 캤습니다
작년 재작년 지천이었고
뿌리 아주 실했던 바로 그곳에서
다시 또 냉이를 캤습니다
기대했던 것보다 많지도 않았지만
뿌리도 그리 크지 않았습니다
내가 아예 씨를 말렸구나, 싶어
큰 것으로만 골라 캐야지 했습니다
헌데, 그게 그리 쉽지만은 않더라구요
크기의 판단 기준도 모호했거니와
잎만 봐서는 작겠다 싶었지만
뿌리 실했던 것도 제법 있었던 터라
혹시나 하는 뿌리 깊은 욕심에
더 없으면 어쩌나 하는 질긴 미련에
보이는 족족 다 캐게 되더라구요

혼자 나물 캐는 것도 이럴진대
하물며, 그동안의 세상사
오죽했겠습니까!

아내의 자전거

오십이 될 때까지
자전거를 탈 줄 모르던 아내가
오십여 분만에 홀로 섰다
처음 며칠은 바싹 뒤따르라더니
얼마 후부턴 앞서 달리란다
이젠 앞서거니 뒤서거니 자유자재다
틈나면 혼자서도 타러 나간다
살곶이다리, 동호대교. 한남대교
다녀왔다는 거리도 점점 더 늘어난다
밤에도 혼자 곧잘 나가곤 한다
늦게라도 달릴 수 있게 된 것
내 덕이라 으쓱했는데, 그동안
그냥 세워뒀을 뿐이구나
눈치챘으면,

따르릉따르릉

자전거가 나갑니다

비켜나시란다

별천지

이젠 다 그쳤겠지 싶었는데 다시 장대비가 쏟아졌다 대밭집 추녀 밑에서 비가 멈추길 기다렸다 잠시 후 검정 하양 장화를 신은 오섬 아이들이 노랑 파랑 우비를 입고 우산을 쓰고 지나갔다 비를 장난감 삼아 즐겁게 장난치며 느릿느릿 지나갔다 곧 빗줄기가 가느다래져 맞고 뛰어갈 수도 있었지만, 그냥 그곳에서 한참을 더 서 있었다 중선(重船)이 정박하는 별천지 오섬 아이들이 마을 끝 우리 집 지나 들판까지 가 보이지 않을 때까지 한참을 더 기다렸다 다행히 대밭 푸른 빗소리는 여전히 장대비였다 그날 밤 비 갠 하늘은 별 천지, 유난히 크고 밝았다 유성 하나가 내 심장에 박혔다

* 중선(重船) : 큰 고기잡이배

무시

한결같이

바라봐 주는 당신이 있는 나는

참 행복합니다

* 무시 : 無視(없을 무, 볼 시)

누이

니, 엊그제 왔었다매
어 어, 문상차 갔었는데 넘 늦어서

니, 어제 왔다갔다매
어 어, 친구 개업했는데 함께들 가서

니, 댕겨갔다매
어 어, 남의 차루 잠깐

그려 그렇게만 혀, 엄마 없다고 이젠...
아 아 아녀...

아녀 그냥 허는 소리구, 바지락
냉동시켜놨서

아, 청양고추 살짝 썰어 넣은
국물맛이 찐하다

집

우리
소유여서
우리 집이 아니다
너와 내가 살고 있어
우리 집이다, 함께라면
월세방도 전세방도 우리 집이다
새들은 둥지 없이 밤을 나고도
아침을 노래한다
둥지 없는 새는
숲 전체가 다
집이다

복도식 아파트

보통은 312호 지나고
311호 지나 계단으로 접어들어
내 모습이 보이지 않을 때쯤
현관문 닫는 소리가 들린다
가끔 조금 일찍 들릴 때도 있지만
계단으로 층을 다 내려오도록
들리지 않을 때가 더 많다

그렇게 기도가 긴 날에는 영락없이

복도 벽에 기대어 환하게
손 흔들어 주는 모습이 보인다
가관인 건 출근하기 싫다고
농을 던지면 전혀 망설임도 없이
그러고 싶으면 그러라고 한다
믿을만한 구석도 없는데
웃으면서,

그런 날은 늘 기도가 좀 더 길다

오늘 아침에도 그랬다
태양은 그 복도 반대편에서
한참 후에야 뜬다

덤

그 흔치 않다는 홀인원도 일만이천분의 일의 행운, 로또 일등 당첨확률도 팔백십사만분의 일, 아직 내겐 한 번도 오지 않았지요.

당신을 만난 것은 칠십삼억분의 일, 거기에 함께한 시간을 셈하면 차라리 운명이지요, 벌써 찾아온 천운이네요.

그런 당신이 어찌 소중하지 않을 수 있겠습니까, 그러고 보면 사랑이란 받을수록 기분 좋은 덤이란 생각입니다.

덤만 있는 덤 있을 수 없다는 거, 그건 덤이 아니라 공짜라는 거, 공짜엔 다른 대가가 따른다는 건 아시겠고요.

옥석구분

보석과 돌로 나누는 것인 줄 알았다

구분할 줄 알아야 한다는 충고인 줄 알았다

보석과 돌로 나누는 게 의미 없다는 뜻이다

그러지 말라는 경고다

* 옥석구분 : 玉石俱焚(구슬 옥, 돌 석, 함께 구, 불사를 분)

광고전단

좀 과장되어 있다는 거
아주 부정하지는 않을게요
잉여의 세상을 살아가고 있잖아요
스펙 신경 쓴다는 것도 그래요 인정합니다
관심이라도 좀 받아야 숨통이 트이네요
어차피 그랜드세일이다 에누리판매다 뭐다
어느 정도는 부풀릴 수밖에 없는 세상
그래도 수배 전단에 비하면 제법 풀렸다네요
그러니 베풀듯 선심을 쓰듯 받아들진 말아주세요
버려질 게 예정된 선택 참 비참하기도 합니다만
나 때문에 누군가 눈살 찌푸리면 안 되잖아요
이래봬도 나름의 자존심은 갖고 산답니다
열 번만 접히면 하늘을 나는 비행기가 될 수 있고
바다를 항해하는 배도 될 수 있다는 그 희망
반듯하게 품고 사는 거, 욕심인가요?
편의점에선 기꺼이 받아주려나
그쪽으로 가봐야겠네요

나 좀 접어주세요
날고 싶어요

빈집

바람은 종종 다녀갔답니다
가랑비도 가끔씩 왔다갔구요
폭우랑 뙤약볕도 잠시 들렀다네요
꽃을 데리고들 왔더랍니다
벌이랑 나비가 놀아줬구요
새들 조잘거림도 여전하더랍니다
마당 가 늙은 감나무, 떫은 하루를
달게 우리며 서 있는 것까지
다들 여전하네요
장독대 간장독 뚜껑 열려있는 것과
집 밖을 서성거리는 나 외엔
그대로여서 하 눈물 납니다
참, 뒤란 두릅나무도 그대로구요
대문도 잠기지 않았네요
아무 말도 하지 않고 그냥
멀리서 간만에 들른 먼 친척인 척
외려 안부만 돌려 물었습니다

나만 빈집에 갇혀 살았네요
왼 가슴 쪽이 저립니다
해가 오섬에 걸렸어요
동구 밖 도라문의 막차 시간도
예나 지금이나 여전하겠죠?
가야해요, 근데 그림자가 자꾸
대문 쪽으로 걸어가요

* 오섬 : 충남 당진시 송산면에 있는 지명

된장국이 먹고 싶다

오늘은
저녁 약속 없냐고 쏘는
아내의 매콤한 확인 전화
미안하다

웬일이래?
그럼 어떤 반찬 해놓을까
말갛게 묻는 목소리
고맙다

그래도
뭐 먹고 싶은 것 없느냐 구유
구수하게 다시 물어
더 고맙고

괜찮으니깐
먹고 싶은 거 말씀하세요
개운하게 채근해서
다시 미안하다

하루가 또 보글보글 부글부글
맛깔나게 끓었다

송구영신(送舊迎新)

제야의 종소리 함께 보다가
두 가지나 약속하고 말았습니다
앞으로 커피 마시고 싶을 땐
커피 타 달라고 하지 말고
커피 마시자고 말하기로,
영화 보러 가고 싶다고 하면
무조건 알았다 오케이
흔쾌히 답하기로 하였습니다
커피는 누가 탈 것인지
어떤 영화를 언제 볼 것인진
쉰 부부끼리 딱히 할 일도 없고
그때그때 묻고 요구하고 따지기로
덜컥, 겁도 없이 약속했습니다
오십 줄인데 별수 있습니까!

비울수록 소리 더 맑다는데
암요, 비워야지요

가을

하늘이 참 깊고 푸르다

이토록 깊고 푸르기까지
얼마나 많은 바람과 구름과
스스로를 다독였을까
이 품 안에서는 모든 게
더 환해지겠다

당신을 꼬옥 빼닮았다

질문

바탕 즉 본질을 묻는 것이다

신간센 열차의 청소용역업체 '텟세이'란 회사는

'청소란 무엇인가'란 물음으로

CNN과 하버드대학까지 주목하는

세계적 기업이 되었다

* 질문 : 質問(바탕 질, 물을 문)

2부

호수의 중심

너무 아프지 마!

모교 초등학교동창회 명의의 조화(弔花)가 분향소 입구 양쪽으로 나란히 서 있다. 5남 3여 보다 두 개가 더 많다.

미안해 상주가 이리 웃고 있으면 안 되는데 보고 있자니 그냥 웃음 밖에 안 나오네. 언젠가 그랬잖아 너무 아프면 웃음 밖에 안 나온다고. 맏이부터 막내까지 고 총동창회랑 저기 10회는 셋째 며느리 다들 초등학교 총동창회 하는 거냐며 에둘러 웃음으로 위로하네. 이제는 우리도 고아라나. 그래두 걱정하지 마 지금은 다들 제 앞가림은 하고 살잖어. 참 수십 년 만에 아버지랑 만나겠네! 그냥 웃어 넘겨 너무 아파서 웃을 수 밖에 없겠지만, 그래두 혹시나 싶어서…,

더 이상 미안하다는 말은 하지 않을게 그동안 고마웠어, 정말 고마워

이젠 너무 아프지 말구 잘 가, 엄마

반란

보도블록 틈 사이
이슬 머금은 민들레꽃에
햇살이 내려앉았다
찬란하다

이 진.압. 할 수 없는
반란을 도모한 주범은
물빛일까
꽃빛일까
햇빛일까

아서라 아서
이 눈부신 반란 앞에서
정량적 혹은 정략적 진술은
다, 무고죄다

함께여서

반란(斑爛)이다, 더불어

함께라서

* 반란(斑爛) : 여러 빛깔이 섞여서 아름다운 무늬를 이루어 빛남

소나기

한여름 오후 어느 산골마을, 읍내 청년이 자동차를 몰고 지나가는데 개울가 버스정류장에 세 사람이 언제 올지도 모르는 버스를 마냥 기다리고 있다 병원가야 하는 할머니, 청년의 생명을 구해준 의사, 이상형의 여자, 차에는 단 한 명밖에 더는 태울 수 없고 당신이 청년이라면,

노약자? 은인?
이기적이지만 그래도 이상형 여자?

송아지 하품소리에도 수수 옥수수 개망초 깜짝 놀라 살랑대는 한적한 산골마을, 자동차 키는 의사에게 줘 할머니 병원 모시게 하고 개울에 비친 하늘만 고즈넉이 흘러가는 느티나무 그늘 버스정류장에서 이상형의 여자와 단둘이 언제 올지도 모르는 버스를 마냥 기다려보는 건,

여름에는 갑자기 소나기가 한바탕 쏟아지기도 하지

참새

참새는 결코 걷지 않는다
짧은 거리도 부리가 닿지 않으면
반드시 날거나 뛴다
기와지붕 추녀 틈 참새 집을 기억한다
유년의 작은 손으로도 간신히
몇 뼘은 파고들어야 닿을 수 있었다
먹이를 물고 둥지에 이르기까지
그 거칠고 비좁은 생(生)을 폴짝폴짝
정수리 얼마나 아팠을까?
비닐봉지를 들고 환하게 웃고있지만
술에 취해 비틀거리던 당신을 추억한다
'잔칫집서 좀 싸달라고 했어'
머리가 거의 다 빠져 휑한 정수리를
가려운 척 긁적이며 들어왔다

허공에도 거칠고 비좁은
골목이 있다

조심

조심, 조심 하라는 당부

마음을 다잡고 다잡으라는 격려였구나

* 조심 : 操心(잡을 조, 마음 심)

봄날

간밤
단비 내렸다

새순이 한창이네 한창이여
그 좋은 두릅 다 세것네 그냥 다 세것어
누구더러 좀 따다 먹으라고나 할 걸
누가 좀 따다 먹으려나
아까워서 어쩐다냐 아까워서

그러니께 억지루라두 먹어 억지루라두
기운 차려야 얼른 집에 가지
뒤란 두릅 따야지 그냥 다 세것네 그냥
자, 한 숟갈만 더 떠 한 숟갈만
딱 이 숟갈만,

창밖
더럽게 화창하다

비비탄에 맞다

방배동 사는 지인이 윗동네 사는 프랑스인 교수를 알게 되었단다. 어찌어찌 하다 막 초등학교 입학한 아들을 외국어 배우라고 그 집에 보내게 되었단다. 하루는 녀석이 숨 헐떡이며 들어와 선생님네 되게 되게 부자라며 호들갑 떨더란다 부촌인 방배동에서도 부촌이라는 서래마을, 그것도 예술의 나라 프랑스 사람은 얼마나 잘해놓고 사는지 내심 궁금해져 슬쩍 맞장구쳐 봤단다. 그러자 아들 녀석 장전된 부러움을 마구마구 쏴대더란다. 신이 나서 자동연발로 난사하더란다. 예측치 못한 방향에서 날아온 생각보다 강한 비비탄에 한방 맞은 속내 들킬까싶어 화장실 핑계 삼아 얼른 방안으로 숨었단다

"선생님네 집엔 강아지가 세 마리나 되고요 고양이도 있어요 어항엔 금붕어가 열 마리도 넘고요 그리고 또…."

전(煎), 아버지 전(前)

생전 본적 없는 시아버지를 위해
며느리들 시어머니와 함께
고인이 좋아했다는 굴전(煎)을 부친다
오순도순 뭔 이야깃불 지폈는지
속닥속닥 금방 달궈지고
'그런데 어떻게 여덟이나 낳았대 유'
키득키득 밀가루 묻힌 굴을
달걀반죽에 살짝 담갔다 올린다
'사랑혔으닝게 낳겄지'
민망하게 익는 전을 얼른 뒤집는다
웃음소리 화르르 피어오르고
'지긋지긋 하셨다면서 유'
'합장 절대 안 하신다면서 유'
잘 익은 전을 빙그레 꺼내 담는다
'칼로 물 베기란 말두 물르냐'
가벼운 놀림으로 식용유를 다시 두른다

박장대소 고소하게 튀어 오르고
더불어 살갑게 익어가는 낯빛들,
밀가루 계란반죽 노릇하게 잘 지져진
굴전 같다

올 사람 다 왔는데
누가 급하게 오시는가

부스럭 부스럭 바람소리에
전등 환한 마당
어린 누렁이가 부산하다

철퍽, 그리움에 빠지다

해안을 따라 우로 굽은 길
이발소 정면 거울 속에 낡은 풍경화가
선명하게 비쳐 있다

저 끝 산모퉁이 따라 돌면 또 작은 갯골
부서진 고깃배 한 척 기운 채
정박해 있을 듯싶다

구부러진 늙은 해송 하나
벼랑 끝에 쪼그려 앉아 먼바다 하염없이
바라보고 있을 듯싶고

그 나무 아래
숭숭 숭 구멍 뚫린 그늘
고만고만한 개망초 몇 갯바람에
흔들리며 서 있고

굽어 더 아득한 길
색 바랜 풍경을 추월해 짙은 기억이 먼저
급회전한다, 철퍽

아, 거울 밖 세상에선 반대쪽이다

상고머리로 치고 싶다

유명세

떨치거나 누리는 게 아니다

치르는 것이다

권리가 아니라 의무다

* 유명세 : 有名稅(있을 유, 이름 명, 세금 세)

산방(山房)에서

고요한 산방을 더욱
고요케 하는 흔들림이 있다
평온함을 더 평온케 하는 부딪침,
적막함을 더 적막하게 하는 소리가 있다
한 줄에 매여 바람과 맞닥뜨리는데
어찌 흔들리지 않을 수 있으랴
안 부딪칠 수 있으랴, 소리 어찌 없을 수 있으랴
부딪침이 긴소리는 탁하다 짧아야 맑다
그래, 세상사 바람만큼만 흔들리면 되겠다
흔들리는 만큼만 부딪치고, 부딪치는
딱 그만큼만 소리를 내면 되겠다
풍경이 차분하게 읽어주는 경(經)이다
저녁밥으로 감자 찌는 연기가
산방의 풍경 소리를 닮았다
허공을 순하게 굽으며 오른다
저 멀리 산 아래 큰 강도
굽어 흐른다

순환선

잠실 방향 지하철 안
정신지체아로 보이는 소녀가
시청역에서 내리려다
쥐고 있던 쪽지를
머뭇머뭇 내게 내민다

'집에 가는 법
강남역에서 잠실방향
잠실에서 암사행으로 갈아탐
강동구청역에서 내려
3번 출구,

괜한 말을 더 했다
여기까지 두렵고 망설였을 터
나도 잠실 가는 중이니
안심하고 가라고만
할 걸 그랬다

역(逆)방향은
잘못 가는 길이 아니라
돌아 가는 길

유년의 짧은 소풍 길은
일부러 돌아서 갔다

호수의 중심

호수는 중심을 고집하지 않는다.

동서남북의 가운데가 중심이라고 주장하지도 않고, 가장 수심 깊은 곳이 중심이라고도 주장하지 않는다. 호수는 누구에게든 자기의 중심을 내어준다. 어떤 차별도 두지 않고 모든 것을 중심으로 받아들인다. 청둥오리나 황소개구리 청개구리나 소금쟁이에도, 물방개나 실잠자리에 까지도 공평하다. 심지어는 바람에 날려 온 꽃잎에 조차 기꺼이 중심을 내어준다.

깜박 잊는 일도 없다. 빗방울 하나도 홀대하지 않으며 성심껏 초심으로 대한다. 하여 비가 오는 날에는 무수한 빗방울 하나하나가 다 중심이어서

호수 전체가 통째로 중심이 된다

적절

짧은 것을 더 만들어 이으라는 게 아니다

긴 것을 적당하게 자르라는 것이다

내 욕심을 버리는 거다

* 적절 : 適切(맞을 적, 끊을 절)

동네 골프연습장

나이스 샷! 굳 샷!
그곳에선 누구나가 다 사장님이다
마장동 우시장 장 사장도 사장님이고
동대문 평화시장 젊은 정 사장도 사장님이다
건설회사 만년 부장인 나도 사장님이고
모 제약회사 영업팀 한 팀장도 사장님이고
그룹사 명퇴했다는 이 부장도 사장님이다
'님' 자는 눈치껏 요령껏 떼도 되겠지만
웬만하면 잔머리 굴려 셈하지 말 일이다
보이는 게 다가 아니기 때문이기도 하지만
때 되면 떨어질 건 자연스럽게 떨어진다
지하, 그곳에서 사장은 성공했다는 말이 아니다
비바람 견뎌내고 적당히 잘 익었다는 뜻이다
'님'은 수확한 과실의 꼭지와 같은 거다
꼭지 떼지 않아야 더 오래 보관할 수 있다
그곳은 잘 익은 과실의 보관창고다
오래 보관하려면 적당한 온도가 중요하다

너무 낮으면 얼고 너무 높으면 물러진다
가끔 '많이 느셨네요, 시원하게 한잔?'
정도가 적정온도다

유쾌한 반란

'한 시골 초등학교에 경사가 났다. 신입생 예비소집에 29명이 등록했다. 여느 도심 학교와는 비교도 안 되지만 작년 9명에 비해 3배나 늘었다. (중략) 꾸준히 실천해 온 체험·인성교육의 결실이다. 폐교 직전까지 몰렸던 시골 초등학교의 유쾌한 반란이다.'

(-○○○기자-)

좋겠다, 체육 시간 이젠 축구도 편 나눠 할 수 있어 정말 좋겠다. 교체할 후보도 있고 주전자 담당에 한둘쯤은 꾀병 부려도 상관없고, 난 산소탱크 박지성 아니냐 내가 박지성 그래 그럼 난 이청용 수비부터 최전방 공격까지 서로 고집도 부려보고 양보도 해보고, 하다 보면 공 좇아 포지션 뒤죽박죽되겠지만 반칙이다 아니다 땡깡도 부려보고 멋쩍게 인정도 해보고 이청용처럼 드리블 유연하게, 박지성처럼 세레머니 근사하게, 정강이도 차여보고 슬쩍 차보기도 하고 넘어뜨리고 일으켜주고 핏대도 높였다가 다시 씨익 악수하고

물 마실 땐 네 편 내 편 따로 없는, 더불어 유쾌한 반란(斑爛)이다,

* 반란(斑爛) : 여러 빛깔이 섞여서 아름답게 빛남

3부

동행(同行)

우회전 금지

우회전하려는데 앞차가 떡하니 막고 서있다. 클랙슨을 눌러대도 도무지 꼼짝 않는다. '초보운전' 스티커가 붙어있다. 나도 저리 서툴던 때가 있었지, 최대한의 아량을 베풀려는데 뒤차가 용납하지 않는다. 어쩔 수 없이 다시 클랙슨을 누르려는 그때,

'적신호 시 우회전 금지' 신호등 밑 표지판

순간, 초보자도 본 표지판을 나는 왜 보지 못한 것일까? 분명 이곳에만 있을 리 만무할 텐데, 왜 처음 보게 되는 것일까? 문득 잽싸게만 달려온 날들이 아 민망하여라 잠시 머뭇거린 것인데…

청신호야 빵 빵, 괜히 방해하지 마시고 빨랑빨랑 가시기나 하라신다.

친구에게

수년 만에 전화했는데
좀 전에도 통화했었다는 듯
그래 친구야, 하고 받는다

소주 한잔해야 하는데 시간이
시샘하는지 자꾸 엇갈리네
언제 한번 꼭 보세, 하니

바쁘다는 거 듣고 있어
일부러 시간 낼 필요 없고
만날 사람은 언젠가 만나는 겨, 한다

동문 체육대회 예기를 하면서
순간의 망설임도 없이
네가 함께하면 천군만마, 란다

잊히기에도 너무 오래된
기억만으로, 일말의 의심도 없이
지금의 나를 추켜세운다

머리에 담고 살면 입으로 말하고
가슴에 담고 살면 마음으로 말하는가!
여운이 깊어 먹먹하다

늘 가슴 한쪽에 있다 생각했는데
미안하다, 친구야
머리에만 담고 살았다

고집

중학교 졸업을 앞둔 아들이
다음 입학 때까지 머리 기른다기에
그러고 싶으면 그러라고 했다
맘에 안 차면 더 그래 보이는 걸까
아들의 머리는 생각보다 빨리 자랐다
설 명절 때 시골에서 형님이 한마디 했다
학생 머리가 저게 뭐냐며 좀 깎이란다
집에 와 아들에게 머리 좀 깎으라고 했다
벌써 허락한 일 아니냐고 반발하기에
가족들이야 괜찮지만 집안 어른들이
좀 그렇다 않느냐고, 주변 사람도
조금은 생각하고 살자했더니
왜 다른 사람 말에 쉽게 흔들리냐며
여전히 주장을 굽히지 않는다
아무것도 아닌 걸 가지고
웬 고집이냐고 언성을 좀 높였다

그러자 아들이 제대로 한방
맞받아쳤다

"제 말이요, 아무것도 아닌 거라며
왜, 깎으라고만 고집이세요!"

길

멀리 문상 다녀오는 늦저녁
용산역에서 내려 집에 가는 길
서빙고역에서 환승 전철을 기다리며
자판기 커피를 마시다 생각한다
내 목적지를 모르는 사람은
그냥, 전철 기다리며 커피 마시는구나
혹, 추운데 따뜻하겠다 하겠지만
용산에서 왕십리까지 간다는 걸 안다면
왜 이 역에서 환승을 하게 됐는지
설명이 필요하겠구나 싶었다
나를 더 많이 안다는 사람일수록
더 긴 설명이 필요하겠구나 싶었다
잘못 탔다고 하겠구나 싶었다
역에서 나와 택시 타려다 다시 전철로
집에 가는 것인데, 그래서 이렇게
커피도 마시며 여유롭게 생각지 않은
달구경까지 할 수 있게 된 것인데,

용산에는 용산역도 있지만
신용산역도 있더라

무산

실패한 것이 아니다

원래 상태로 돌아온 것이다

다시 선명해졌으니

또 시작이다

* 무산 : 霧散(안개 무, 흩을 산)

동행(同行)

눈 소복이 쌓인 오전
우체부 아저씨 소리 없이 지나간 길
얽히고 풀리고 다시 얽힌 자전거 두 바퀴
그 환한 자국처럼,
우리

붉게 물든 단풍
더 곱게 물든 잎 골라
시집에 끼워 말리며 기다리던
그 애틋한 시간처럼,
우리

공깃돌 다섯 알을 고르듯
토끼풀에서 네 잎 클로버를 찾듯
한 짝의 호두알을 골라 맞추듯
그렇게 그렇게,
우리

소복갈비

설악가든 산자락을 끼고 돌자마자
우회전 좌회전 우회전 우회전 올라가면
시가지가 내려다보이는 언덕배기에
웃음소 복복 소복갈비가 있다

시내 변두리길 좌로 우로 좌로 좌로
어깨 살짝살짝 부딪치는 동안
서로의 미소와 미소 사이사이에
양념보다 더 달달한 정(情)이 재인다

마당에서 잠시 트인 쪽을 향해 서면
오른편은 아련한 추억의 구시가지
왼편은 소박한 소망의 신시가지
슬며시 다가가 팔짱을 끼면 서로
같은 생각을 하고 있다는 게 보인다

익은 갈비 한 점 잘 재어진 정(情)에 푹 찍고
상추에 마늘 한쪽 고추 한쪽 얹어
크게 한입 미소로 권하면 볼그레
수줍어하는 앳된 모습을 볼 수 있다

수줍어한다는 건 좋아한다는 거
손사래까지 친다면 정말 좋다는 거지
짓궂게 한 번만 더 이번만 권할라치면
소복소복 웃음이 쌓인다

아무렴, 갈비는 역시
양념 맛이지

* 설악가든 : 충남 당진시에 있는 대형음식점 이름

오래된 연필통

사무실에 오래된 연필통 하나 있다.

색 바랬지만 난초 상감되어 있고 낙관 붉게 박힌 청백 빛 도자기, 20여년을 한결같이 책상 한쪽 지키고 있다.

컴퓨터를 교체하다 그 연필통을 바닥에 떨어뜨렸다. 이때다 쏟아져 사방으로 흩어지는 쓰다만 필기도구들. 샤프펜슬, 몽당연필, 빨강 파랑 네임 펜, 형광펜, 모나미 볼펜, 2색 볼펜 3색 볼펜, 수정 펜, 거의 닳지 않은 고무지우개도 보인다. 라이터랑 봉지 커피까지 나뒹군다.

쓰고 지우고 다시 쓰고 밑줄 긋고 색칠하고 밤샘하며, 한때는 나를 돋보이게 하던 필수품들 아, 버려지지도 못한 채 구속되어 있었다니! 엎어진 연필통 속엔 클립, 호치키스 알. 집게, 동전도 서로 뒤엉켜 달라붙어 있다.

편리에 익숙해진 내가 겹겹이 퇴적해 놓은 단절이다. 순간, 많은 얼굴들이 스쳐지나간다. 그래, 가끔은 색 바랜 사람들을 느닷없이 홀라당 엎질러볼 일이다.

살구나무가 있던 자췻집

잠깐만, 나직하게 부르고는
뒤에서 교복 깃을 바로잡아 주고
서둘러 앞서갔다

한 지붕 밑에서 누웠으니
같은 어둠을 함께 덮고 자기는 했겠다
눈인사 주고받기도 했겠다

그 집 안뜰 살구나무 꽃피어
바람 없이도 꽃잎 창가로 흩날렸으니
분홍빛 상상하기는 했겠다

이름도 얼굴도 기억에 없으니
오늘 지하철서 본 그 살구꽃 눈빛이 어쩜
우연이 아닐지도 모르겠다

한 하늘 아래서 같은 어둠을
여전히 함께 덮고 자겠거니 하겠다, 아니
그냥 안녕하시라

인기

수단과 방법으로 끌어모으는 게 아니다

그 사람의 자체발광 기운이다

인품 혹은 인격이다

* 인기 : 人氣(사람 인, 기운 기)

꽃 다 지겄다

야, 친구야 술 한잔허자
고향 동구 밖 늙은 벚나무 아래서
간만에 소주 한잔 건하게 허자
안주로 세상사 두런두런 씹다 보면
늙어 뭉개진 몸통에 새순을 틔워
활짝 꽃 피우던 그 벚나무처럼
소주란 게 대체 뭐 길래?
도무지 멈출 수 없었던 그 호기심이
다시 파랗게 잎 돋을지 모를 일
환하게 꽃 피울지도 모를 일
늙은 그 벚나무 아래 철퍼덕 앉아
주거니 받거니 부딪치다 보면
소주 몇 병쯤은 거뜬하겄다
웬만한 시름쯤은 야
금새 비우겄다
야, 야 얼른 가자 이러다
꽃 다 지겄다

알까기

애초부터 불공정한 게임이다
바둑알, 같아 보이지만
흰 돌보다 검은 돌이 더 크다
흰색이 커 보이는 속성 때문에
검은 돌을 크게 만들었다
서로 맞부딪치는 힘의 싸움
분명 큰 돌이 유리하리라
이 불공정한 게임을 우린 어찌
그리 공정하게 즐겼을까?
복기해 보시라, 돌의 태반을
스스로 튕겨 내치지 않았던가!
알고 보면 불공정한 알까기
많은 이들이 군말 없이 즐기는
이유다, 패하면 십중팔구
판이 아닌 자신의 무르팍쯤을
탁! 치는 이유다

봄밤

두릅 새순 돋았다 하네
아침저녁으로 완연 다르다며 사진 첨부해
문자로 그냥 안부만 물었네

시간 내 들르라는 말이리
핑계 삼아 한번 보고 싶다는 뜻이리
두릅 적당히 물올라 씁쓸할 때 먹어야 제맛이듯
돋은 그리움 순할 때 비우자는 고백이리
때 지나면 가시 돋는 애틋함은
차마 감춘 것이리

내 어찌 그 맘 모르겠노
꽃 이리도 분분한 봄밤인데
부슬부슬 비는 내리고

원기소가 먹고 싶다

삼일절 특집프로그램에서
민족대표 호명되는 걸 보다
살아생전 친손주만 삼십삼 명을 둔
할머니가 새삼 떠오른 것인데,
호적 이름 김 명불상(名不詳)
무수리 김 씨네 딸이 있기는 한데
이름은 잘 모르겠고 유식한 호적계가
그리 정리했다는 것인데,
마을 끝 집으로 시집와 동미댁이 되어
이름 불릴 일 도무지 없었다는데,
동미집 할머니로 물러앉은 후로는
호명될 일 더더욱 없었다는 것인데,
막내딸이 보내는 영양제 깊이 감춰두고
나만 그렇게 몰래 챙겨 먹였다는데,
할머니 먼 길 가시던 날, 막내 고모
그 많고 많은 손주 중에 너를 유독
왜 그리 예뻐했는지 모르겠더라는데,

수십 년 세월 함께 살면서
이름 한 번 물어본 적 없었다니
그런 날 왜 그리 챙겼는지 아무리
궁리해도 답은 알 수 없고
모르겠다, 모르겠어, 모르겠고
원기소가 먹고 싶다

* 名不詳 : 이름이 자세하지 않다는 뜻

피어라, 꽃

매화 피고
산수유 목련꽃 피고
개나리 진달래 벚꽃 피는 게
봄꽃 피는 순서인 줄 알았는데
올해엔 도란도란 한꺼번에 피었다
일찍 따스해졌기 때문이란다
누구는 봄이 짧아진 느낌이라지만
사방이 온통 더 울긋불긋 보기 참 좋다
우리네 삶에도 뭔가 좀 일찍 찾아와
한꺼번에 함께 웃었으면 좋겠다
봄이 좀 짧으면 그래 어쩌랴
피어날 때를 기다리는 꽃봉오리가
저기 저렇게 지천인데, 봄꽃 지면
여름꽃 가을꽃 피어날 테고
그래, 더욱더 따스해져라 세상아

저 봉오리들 피어나게

순서 없이

활짝

빈집 · 2

잠그고 떠났다는 건
소중한 것을 남겨뒀기 때문이다

뒤란 장독대 빨갛게 익은 물앵두
똑!
똑!
떨어지고

바람아, 괜스레 까치발 하지 마라

그리움은 농익고 농익어야만
제풀에 진다

* 시집 『동미집』에 수록한 '물앵두의 집'을 수정하여 재수록 함

기대

뭘 바라는 게 아니라 기약하는 것이다

믿고 기다리는 것이다

* 기대 : 期待(기약할 기, 기다릴 대)

4부

때론, 부재중이고 싶다

설상가상

고향에 성묘 다녀오는 길
휴게소서 떡라면 한 그릇 하네
설날 상(床) 권하는 이 어찌 없었으랴만
생전 당신 그 성화만 하였으랴
괜한 체면치레 연신 커피만 마신 탓이네
한 번만 더 권할 것이지…
막무가내 차려내시던 당신 생각나
떡라면 한 그릇 다 비우지 못하는 것인데
저 설(雪)이야 쌓여도 녹는다지만
이 설움 무진 세월에나 좀 무뎌지려나
설상가상(雪上加霜) 눈발은 굵어지고
설상가상(雪床加想) 그리움에 체했으니
먼 길 나 어쩌리

자화상

발등에 발라야 하나
입술에 발라야 하나

햇볕 송송한 공휴일 오후
청계천 산책로 쪽으로 향하는
부부로 보이는 남녀의 간격이
서너 발짝이다

뒤따르던 남자가 뭔가 못마땅한 듯
모기에 물렸다며 쪼그려 앉아
구시렁구시렁 미적미적
발등을 긁적거린다

기다리고 서 있던 여자의 한마디
내 뒤통수에 콱 박힌다

안 내키면 말든가

침이나 발러

침!

양지암에서

등대지기 작사가를 고발합니다
거제도 양지암 등대에 올랐는데요
뭍 끝 아찔한 낭떠러지 잠깐 내려보는데도
등골이 오싹해져 식은땀이 납니다
다리 후들거려 제대로 설 수 없습니다
한겨울 얼어붙은 달그림자처럼
도무지 꼼짝달싹할 수가 없습니다
왕매미도 더위 먹어 한참을 쉬었다 우는
폭염의 팔월 한여름인데도 말입니다
바닥이랑 난간 대도 든든하게 잘
정비되어 있는데도 이렇단 말입니다
오가는 길 관련해선 형량 따지지 않더라도
거룩함과 아름다움을 깎아내린 죄로
이곳에서 겨우내 옥살이를 해야 함이
당연하고도 마땅한 판결입니다

타인을 위해 제대로 떨어보지 못한
내 삶 또한 공범으로 고발합니다

* 양지암 : 경남 거제시 소재

일갈(一喝)

손수레에 폐지 싣고 힘겹게
사근고갯길 오르는 노파를 바라보다
세상사 인생 고단함이 어쩌구,
한참이나 서서 시상을 고민해 보지만
도무지 뜻하는 바대로 떠오르지 않는다
남들은 그럴듯하게 잘도 그려내드만
난 왜 이럴까, 필력 탓까지 이르는 그때
허공에서 새똥이 뚝, 가슴팍에 묻는다
허 별일이네 각도도 없고, 바람도 없고
일부러 맞추려도 쉽지 않겠네, 허허
별일이야, 별일 웃어넘기며 돌아서는데
노파는 이미 붉은 노을을 다 올라
더불어 언덕배기 풍경이 되어 있더라
순간 번뜩 요놈 좀 봐라, 요놈 봐
양심도 없이 은근슬쩍
표절이라니!

여론

같은 편만 모아 놓고 더불어라며

억지로 만들려 마시라

그냥 수레 타고서 장에 가며

나누는 말이다

* 여론 : 輿論(수레 여, 논할 론)

무관심

아들 학점을 보게 되었다
걱정했던 것보다는 의외였다
간만에 일찍 퇴근을 했다
녀석은 또 컴퓨터게임중이다
살짝 접근해 잽을 날렸다
"이래도 성적이 그 정도면…"
그러자 아들 녀석 피하지도 않고
곧장 스트레이트로 응수했다
"나 게임할 때만 보고
그렇게 단정 짓는 건, 아니잖아요?"
예상은 했지만 생각보다 강했다
멈칫하자 바로 연타를 날렸다
"저, 게임 하는 것 외엔 관심 없죠?"
아, 예상 못 한 그 한방에
완전 녹다운 됐다

원투 펀치가 강하기도 했지만
잽 잽뿐 맞받아칠 어퍼컷이
나에겐 없었다
카운트도 필요 없는
케이오
패다

중독(中毒)

잠들어서도 끊지 못한다

당신으로 인한 이 지독한

그리움

행운목

꽃 핀 행운목 하나, 누군가
사무실 초입에 옮겨다 놓았다
비좁은 공간, 향기는 좋지만
잎에 얼굴 스치지 않으려면
머리 살짝 숙여야 한다
'행운도 좋지만 불편하게스리'
내심 구시렁거렸는데
오늘 아침 머리 숙이다 본다
출근인사 하는 것으로 알고 서둘러
환하게 답하는 동료의 눈빛
행운목 향기만큼이나 상쾌하다
그러고 보니 살아 온 주변에
꽃 핀 행운목 이리 지천이었는데
미처 보지 못했구나, 여태껏
그 행운으로 고맙게 살았구나
나도 꽃 피워야 하는구나
미안한 아침이다

하선암에서

상선암 거쳐 중선암 지나
하선암까지 흘러오면서 본다
모난 없이 어우러져 흐르는 것도
한 폭의 황홀한 풍경이지만
참고 부대끼며 흘러가는 것도
이리 아름다운 풍경인 것을,
매사 조급하게 서두르지 말 일
흐르다 보면 서로 어우러져
순해지고 또 순해지고 더 순해져서
자연스레 동그래진다는 것을,
큰 강이 잔잔하게 흐르는 것은
흐르며 맞닥뜨려 순해진 것이
모여서 흘러가기 때문이구나
계곡, 굽이굽이 닮아가는 소리
이 얼마나 아름다운가!

* 상선암, 중선암, 하선암 : 단양 선암계곡에 있는 단양팔경 중 3경

대우

특별히 또는 먼저나 우선이 아니다

그냥, 기다려 만나는 것이다

* 대우 : 待遇(기다릴 대, 만날 우)

때론, 부재중이고 싶다

유선 통화의 시대가 도래한단다 전화기를 선으로 연결하는 혁신적 기술이 개발되어 곧 상용화 된단다 그동안 감내해온 휴대의 불편에서 벗어나는 세기의 통신혁명이란다

골목골목 세워진 전봇대엔 핸드폰게임에서 벗어난 아이들의 왁자지껄 말타기가 모여들고, 햇살 환하게 튕기는 아침에는 참새가 전화선에 쪼르륵 모여앉아 알람시계처럼 조잘대고. 가족이 모이는 저녁이면 별들이 서둘러 총총 걸터앉아 깨알 같은 대화를 촘촘히 훔쳐볼 거란다.

오늘의 운세로 하루를 조급하게 점치던 사람들도 하늘의 별을 보며 내일을 차분히 소망하고, 그간의 오랜 안부를 묻는 깊고 아득한 이야기소리가 때론 맑게 때론 탁하게 창문 틈으로 삐져나오고, 보나 마나 의도적이라는 의심보다 뭔 일 있나 싶은 부재에 대한 걱정이 먼저가 될 거란다.

예고 없는 늦은 귀가의 소소한 사랑싸움까지야 어쩔 수 없겠지만, 부재를 당연히 부재로 받아들이는, 제한적이어서 오히려 더 소통하는 상상조차 못했던 놀라운 세상이 곧 도래한단다.

띄어쓰기

잘 못하는 걸 잘못한다고 채근하는 건 아닌지
잘못하는 걸 잘 못한다고 변명하는 건 아닌지

반백 년을 살고도

복합건물

다양한 사람들 오가는 주상복합건물, 2층에서 한 청년이 엘리베이터를 탄다. 4층에서 탄 어르신 "바빠 죽겠는데 젊은 사람이 말이야" 혼잣말을 한다. 청년이 힐끗 쳐다보자 여러 눈빛이 천장에서 헛기침한다. 짧은 정적이 길게 흐른다. 어르신 1층서 내리자 청년의 한마디, "지 1층에서 내린다고 다 1층서 내리는 줄 아나, 나잇값 하네 나이값 해" 잘 참았다는 듯 농이 짙다. 이 건물 주차장은 지하 5층, 말이야 틀린 말 아니다. 복합기능은 여러 기능을 하나로 통합한 게 아니라 한 곳에 집합해 놓은 것,

너 나 우리 같은 그런 거다.

나는 똥개다

그래요, 난 똥개네요
살 포동포동 잘난 견공(犬公)님아
그런 공(公)님은 맘대로 맘껏 짖어봤나요
한번 마음대로 멈춰봤나요
짖으라면 짖고 멈추라면 멈추고
먹이에 매여 먹잇감 외엔 물지 못하고
으르렁으르렁 거만하게 겁만 주는
고깃덩어리에 잘 조련 된 공(公)님아
그래요 난 말귀도 못 알아듣는 똥개네요
비록 먹는 건 먹다 남은 찌꺼기지만
맘대로 짖다가 맘대로 멈추고
마음대로 뛰어다니는
그래요 난 그런 똥개네요

견공님은 먹이에 길들여지지만
똥개는 주인에게 길들지요

요체

여태껏, 體(체)인 줄 알고 살았다

과정보다 결과에 더,

껍데기에

연연하고 살았구나

* 요체 : 要諦(중요할 요, 살필 체)

들꽃 · 2

저기 마을 언덕 교회당 아래
지붕 파란 집 마당가쯤 이었으면 하는
바램, 전혀 없는 건 아니네요 그렇다고
지금 행복하지 않다는 건 아닙니다
그 고운 눈빛 추억하는 것만으로
멀리서 어렴풋이 기억하는 것만으로도
여전히 과분하게 행복합니다만
이상해요, 요즘 들어 부쩍 더 흔들려요
꼭 바람 탓만은 아닌 것 같네요
계절 탓만도 아닌 것 같고요
아니, 그냥 솔직하게 고백할게요
그래요, 그리움이네요

첫사랑

당신

탓

이

네

요

.

달팽이

내가 가장 잘할 수 있는 것은

느리게 달리기 입니다

오죽하면 긴다고들 하겠습니까

그런데 포기라니요!

쇄신

인쇄를 새로 하려면

먼저, 인쇄기부터 깨끗하게 다시

솔질해야 한다

* 쇄신 : 刷新(인쇄할 쇄/솔질할 쇄, 새 신)

시작론(論)

말 많은 습성
여전히 다듬지 못하고
짧게 쓰는 요령만
습득하였다

표현하지 않은 말들과
생략한 문구들
행(行)에서 행간(行間)에서 온전히
살아나야 하는 것을

미안하다
시인 흉내 내느라
외려 내뱉지 못한 말들과
버려진 문구들에

말 줄이고
행(行) 잘 살리는 이가
참 시인인 것을

그래 시작 이제부터다
기왕지사 시인인 척 행세했으니
몇 행(行) 읽을수록 여운 깊게
남기고 가자

작품해설

공동체적 윤리와 천진성의 시학

박남희 (시인, 문학평론가)

공동체적 윤리와 천진성의 시학

박남희 (시인, 문학평론가)

1. 견자로서의 맑은 눈과 천진성의 시학

아이들의 눈은 맑고 천진하다. 그들의 마음에는 세상을 향한 어떤 술수나 편견이 존재하지 않기 때문이다. 그런데 인간은 세상을 살아가면서 어린 시절의 맑은 눈을 잃어버리게 된다. 이미 세상은 왜곡되어 있어서 천진한 것들을 왜곡시키고 변형시켜서 혼탁한 눈으로 세상을 바라보게 만든다. 어린아이가 자라면서 세상 경험이 쌓이고 다양한 것들을 학습하면서 그가 본래 지니고 있던 천진성은 차츰 영악함으로 대체된다. 그러다가 본격적인 세상살이에 접어드는 나이가 되면 모질고 거친 세파에 동심은 까마득히 먼 곳으로 달아나게 된다.

그런데 우리는 종종 어른이 되어서도 어린아이와 같이 맑은 마음을 지니고 살아가는 사람들을 보게 된다. 『강아지똥』, 『몽실 언니』 등 주옥같은 동화를 남기고 떠난 권정생 선생이나 「귀천」으로 유명한 천상병 시인, 1948년 유고시집 『하늘과 바람과 별과 시』가 간행된 후 국민 시인으로 떠오른 윤동주 시인, 요즘 「풀꽃」이라는 시로 유명한 나태주 시인 등이 그들이다. 그런데 이 텍스트의 주인공인 신현복 시인 역시 그러한 심성을 지닌 시인에 속한다. 그의 시는 어렵거나 복잡하지 않지만 가을 하늘처럼 맑다. 그는 맑은 눈으로 세상을 보고 자신을 본다. 그는 일종의 맑은 견자이다. 진정한 견자는 대상을 자의적으로 왜곡시키지 않고 그 자체를 소중히 여긴다. 그의 시가 그러하다.

그의 첫 시집 『동미집』의 표제 시를 보더라도 마을의 끝 집이고 바다 첫 집인 '동미집'에서의 삶이 맑은 수채화처럼 펼쳐져 있다. 유년 시절의 '울음'으로 표현된 시인의 지난한 삶은 바다 바람에 밀려오는 파도 소리처럼 다가와 이내 온 가족의 울음으로 합창이 된다. 이 시의 말미의 "5남 3녀가 다 울음보 간신히 틀어막으면 엄마가 울었네 뒤란에서 새 나오던 더 이상 내

려갈 수 없는 그 느린 울음소리, 어린 막내 철없이 끼어 울면 이때다 모두가 다 울음보 확 열어젖혔네 끊어질 듯 찢어질 듯한 옥타브 높아졌네 하나 되어 마음껏 울고 나면 처얼썩 쏴아 철썩 쏴아아 말갛게 마알갛게 부서지던, 동미집"의 풍경은 장중한 연주곡의 클라이맥스를 지나는 느낌이다. 이런 느낌은 이번 시집에 실린 시 「별천지」에도 그대로 드러나 있다.

> 이젠 다 그쳤겠지 싶었는데 다시 장대비가 쏟아졌다 대밭집 추녀 밑에서 비가 멈추길 기다렸다 잠시 후 검정 하양 장화를 신은 오섬 아이들이 노랑 파랑 우비를 입고 우산을 쓰고 지나갔다 비를 장난감 삼아 즐겁게 장난치며 느릿느릿 지나갔다 곧 빗줄기가 가느다래져 맞고 뛰어갈 수도 있었지만, 그냥 그곳에서 한참을 더 서 있었다 중선(重船)이 정박하는 별천지 오섬 아이들이 마을 끝 우리 집 지나 들판까지 가 보이지 않을 때까지 한참을 더 기다렸다 다행히 대밭 푸른 빗소리는 여전히 장대비였다 그날 밤 비 갠 하늘은 별 천지, 유난히 크고 밝았다 유성 하나가 내 심장에 박혔다
>
> — 「별천지」 전문

이 시에서 쏟아지는 장대비는 흡사 「동미집」에서 파도처럼 동미집을 휩쓸고 지나가는 '울음'을 닮아있다. 화자는 대밭 집 추녀 밑에서 비가 그치기를 기다

리면서 각양각색의 장화를 신고 우산을 들고 마을로 들어가는 오섬 아이들의 모습을 물끄러미 지켜본다. 여기서 아이들이 사는 "중선(重船)이 정박하는 별천지 오섬"은 외부에 오염되지 않는 순수한 동심의 세계를 상징한다. 화자는 비가 어느 정도 그친 후에도 그 아이들의 모습이 사라질 때까지 한참을 지켜본다.

이 시에서 화자가 어른인지 아이인지는 알 수 없으나, 비가 그친 그날 밤 "하늘은 별 천지, 유난히 크고 밝았다 유성 하나가 내 심장에 박혔다"는 진술로 미루어보면 이 시에서도, "마음껏 울고 나면 처얼썩 쏴아 철썩 쏴아아 말갛게 마알갛게 부서지던, 동미집"의 카타르시스가 느껴진다. 이 시에서 화자는 대상을 있는 그대로 바라보면서 그 속에서 순수성을 발견해내는 '견자'로서의 모습을 보여준다. '견자의 시학'하면 우리는 쉽게 프랑스 상징주의 시인인 랭보를 떠올리게 된다. 그에 의하면 시인이란 무릇 시간과 공간을 꿰뚫어 볼 수 있고 개인의 인격에 인습적 개념을 형성하는 모든 제약과 통제를 무너뜨림으로써 영원한 신의 목소리를 내는 도구로서의 예언자, 즉 견자가 될 수 있다는 믿음을 가진 자들이다. 물론 시인이 신의 목소리를 온전히 낼 수는 없겠지만, 진정한 시인이라면 견자가 되어 세상의 모든 편견이나 관습을 뛰어넘는 직관의 눈을 가져야 한다는 바람이 그 속에 들어있다. 그의 짧은 '낱말 시'인 「무시」에서 보여준 "한결같이//바라봐주는 당신이 있는 나는//참 행복합니다"는 진술도 역시 이와 무관하지 않다. 대상을 있는 그대로 바라보는 행위야말로 시인에게는 가장 소중한 소통의 본질인 것이다.

다행입니다

내가 가장 아름답고 향기로울 때

당신 코끝이 닿았네요

모쪼록 저기 마을 어귀쯤을 지날 때까진

내 향이 아주 쪼금만이라도

여전히 묻어 있었으면 좋겠습니다

당신 눈빛도 향기

참 고우네요

—「들꽃」 전문

이 시에서 화자는 들꽃이 되어 자신을 바라보는 '당신'을 향해 자신의 마음을 꽃향기처럼 풀어놓고 있다. 여기서 들꽃은 모습이 아니라 향기로 당신의 코끝에 닿게 되고 그 모습을 바라보면서 들꽃은 행복을 느낀다.

여기서 '향기'는 시각이 아니라 후각이기 때문에 엄밀히 말하면 바라보는 행위는 아니지만 "당신 눈빛도 향기/참 고우네요"라는 진술과 짝을 이루고 있다는 점을 감안하면 '향기'는 단지 후각만이 아닌 공감각으로서의 향기임이 드러난다. 즉 화자인 '들꽃'은 당신의 눈빛의 바라봄에 큰 기대를 걸고 있는 것이다. 이러한 모습은 나태주 시인이 「풀꽃」에서 "자세히 보아야/예쁘다//오래 보아야/사랑스럽다//너도 그렇다"고 한 '바라봄의 미학'을 상기시켜준다.

생각해보면 바라보는 행위는 소통의 가장 본질적 행위라고 말할 수 있다. 시인의 또 다른 시 「복도식 아파트」는 사랑하는 사람을 오래 배웅하면서 바라볼 수 있는 소통의 공간을 제시하고 있다. "복도 벽에 기대어 환하게/손 흔들어 주는 모습이 보인다/가관인 건 출근하기 싫다고/농을 던지면 전혀 망설임도 없이/그러고 싶으면 그러라고 한다/믿을만한 구석도 없는데/웃으면서,//그런 날은 기도가 좀 더 길다"는 시인의 진술만 보더라도 바라봄의 중요성이 얼마나 큰지 짐작이 된다. 그런 날은 아내를 위한 기도뿐 아니라 그 날 밤 아내와의 사랑도 좀 더 길 것이다.

2. 자연으로서의 집과 공동체 의식

우리가 살아가는 우주는 말 그대로 커다란 집이다. 집이라는 울타리 안에 있는 구성원을 우리는 가족이라고 부른다. 인류가 살아가는 지구를 단지 지구라고 부르지 않고 '지구촌'이라고 명명하는 것은 그 안에 가족의 개념이 있기 때문이다. 그러므로 지구 안에 사는 것들은 모두 한 가족이다. 더 넓은 의미에서 우주 역시 한 가족으로서의 공동체로 볼 수 있다. 여기에 유기체적 사유를 더하면 우주는 한 몸이다. 하지만 인류의 문명이 발달하면서 이러한 의식은 점점 희박해져 가고 있다.

근대 철학이 존재를 주체와 타자로 나누기 시작한 것도 이와 무관하지 않다. 하지만 인류의 이러한 의식의 변화는 극단적인 이기심을 낳게 되고 전쟁과 이념의 갈등을 통해서 인간이 스스로를 파괴하는 단계로 나아가고 있다.

특정 낱말을 새롭게 해석한 시 「옥석구분」에서 시인은 이 낱말의 뜻을 "보석과 돌로 나누는 것인 줄 알았다//구분할 줄 알아야 한다는 충고인 줄 알았다//보석과 돌로 나누는 게 의미 없다는 뜻이다//그러지 말라는 경고다"고 본래의 의미를 전복시킨다. 시인은 옥석구분의 한자를 '玉石區分'이 아닌 '玉石俱焚'으로 주석을 달아 '옥석을 함께 불태운다'는 뜻으로 변용시키고 있다. 문명의 관점에서 보면 구슬과 돌은 엄연히 그 가치가 다른 물질이지만 자연의 눈으로 보면 그것들은 모두 돌에 지나지 않는 것이다.

우리
소유여서
우리 집이 아니다
너와 내가 살고 있어
우리 집이다, 함께라면
월세방도 전세방도 우리 집이다
새들은 둥지 없이 밤을 나고도
아침을 노래한다

둥지 없는 새는
숲 전체가 다
집이다

— 「집」 전문

인간은 집을 소유의 개념으로 생각하지만 자연은 집을 존재의 개념으로 생각한다. 새들은 알을 낳기 위해서 자연에 집을 짓지만 그 집을 소유의 개념으로 생각하지 않는다. 그 집은 단지 새끼를 낳아 기르기 위한 편리한 공간일 뿐이다. 그리하여 새들은 그 집의 소용이 다 하면 집을 다른 새들에게 팔지 않고 홀연히 집을 버리고 떠나 다른 곳에 둥지를 튼다.

이 시의 화자 역시 집을 "우리/소유여서/우리 집이 아니다/너와 내가 살고 있어/우리 집이다, 함께라면 월세방도 전세방도 우리집이다"이라고 하여 집의 개념을 소유의 개념에서 공동체의 개념으로 확장하고 있다. 이러한 의식은 "둥지 없는 새는/ 숲 전체가 다/ 집"인 것과 같다. 이 시집에서 가족의 이야기가 빈번히 등장하고 '우리'가 강조되고 있는 것은 시인이 본질적으로 물질적 소유보다는 공동체적 관계성을 훨씬 중요하게 여기고 있다는 것이 드러난다.

시인의 이러한 의식은 단지 인간과 인간의 관계성

에 한정되지 않는다. 그에게는 자연의 모든 것들이 한 가족이고 친척이다.

바람은 종종 다녀갔답니다
가랑비도 가끔씩 왔다갔구요
폭우랑 뙤약볕도 잠시 들렀다네요
꽃을 데리고들 왔더랍니다
벌이랑 나비가 놀아줬구요
새들 조잘거림도 여전하더랍니다
마당 가 늙은 감나무, 떫은 하루를
달게 우리며 서 있는 것까지
다들 여전하네요
장독대 간장독 뚜껑 열려있는 것과
집 밖을 서성거리는 나 외엔
그대로여서 하 눈물 납니다
참, 뒤란 두릅나무도 그대로구요
대문도 잠기지 않았네요
아무 말도 하지 않고 그냥
멀리서 간만에 들른 먼 친척인 척
외려 안부만 돌려 물었습니다
나만 빈집에 갇혀 살았네요
왼 가슴 쪽이 저립니다
해가 오섬에 걸렸어요
동구 밖 도라문의 막차 시간도
예나 지금이나 여전하겠죠?
가야해요, 근데 그림자가 자꾸
대문 쪽으로 걸어가요

— 「빈집」 전문

젊은이들이 고향을 떠나면서 농어촌에 있던 옛집은 차츰 빈집이 되어간다. 우리가 '빈집'이라고 부르는 것은 그 집에 사람이 살고 있지 않다는 기준으로서의 '빈집'인데, 시인은 이러한 편견을 부정하고 있다. 그에 의하면 '빈집'은 바람도 종종 다녀가고 가랑비도 폭우도 뙤약볕도 꽃을 데리고 가끔씩 왔다 가는 그런 곳이다. 따라서 빈집은 인간이 살고 있지 않을 뿐 자연의 모든 생물은 더 자주 방문하는 곳이다. 그러므로 엄밀한 의미에서 빈집은 비어있는 집이 아니다.

화자의 눈에 비친 빈집은 "장독대 간장독 뚜껑 열려있는 것과/집 밖으로 서성거리는 나"외에는 모두 그대로 있는 정겨운 집인 것이다. 그러하여 그는 자신을 "아무 말도 하지 않고 그냥/멀리서 간만에 들른 먼 친척"으로 인식하기에 이른다. 이러한 인식의 변화는 시인으로 하여금 그동안 자신만이 빈집이라는 관념에 갇혀 살았다는 자괴감을 느끼게 해준다.

보도블록 틈 사이
이슬 머금은 민들레꽃에
햇살이 내려앉았다
찬란하다

이 진.앞. 할 수 없는
반란을 도모한 주범은
물빛일까
꽃빛일까
햇빛일까

아서라 아서
이 눈부신 반란 앞에서
정량적 혹은 정략적 진술은
다, 무고죄다

함께여서
반란斑爛이다, 더불어
함께라서

— 「반란」 전문

우리는 종종 길을 가다가 보도블록 틈 사이에 피어 있는 민들레를 보게 된다. 이것은 꽃씨에 하얀 날개를 달고 바람을 타고 자유롭게 날아다니는 민들레 꽃씨의 특징이 낳은 의외의 결과이지만, 보도블록 사이에서 피어난 생명이라고 특별히 다를 바 없는 고귀한 생명이다. 그 생명을 보면서 화자는 진압할 수 없는, 즉 그 꽃을 밟고 앞으로 나아갈 수 없는 생명의 경외감을 느낀다. 이러한 모습은 범인의 눈에는 분명히 반란이다. 화자는 그 반란의 주범이 물빛인지 꽃빛인지 햇빛인지를 묻고 있다. 아마도 그 모든 것이 주범일 것이다. 화자는 이러한 찬란한 반란 앞에서 정량적이거나 정략적인 모든 진술이 무용함을 느낀다. 그에게는 단지 "함께여서/반란(斑爛)이다".

시인의 각주에 의하면 반란(斑爛)은 "여러 빛깔이 섞여서 아름다운 무늬를 이루어 빛남"을 뜻한다. 무지개가 아름다운 것은 여러 가지 빛깔이 함께 어우러져서 빛나기 때문이다. 비록 보도블록의 틈새에 핀 민들레 꽃일지라도 물빛과 꽃빛과 햇빛이 함께 어우러져서 찬란한 것이다. 그러므로 시인에 의하면 나보다는 우리가 더욱 아름답다. 왜냐하면, "더불어/함께"이므로.

3. 새로운 소통법으로서의 메타 시와 낱말 시

인간이 언어를 사용하는 것에는 어떤 대상과 소통을 하려는 전제가 깔려있다. 그런데 인간이 사용하는 언어는 오래 무심코 사용하게 되면서 관습화되고 화석화되어 새로움을 잃어버리게 된다. 시인은 이러한 언어들을 새롭게 일깨워서 각성시키는 자이다. 그러므로 시인은 자신의 시 쓰기에 민감할 수밖에 없다.

시인마다 자신의 시론이 있고 시법이 있지만 그것이 진정으로 이 시대를 새롭게 소통하는 방법으로 올바른 것인지 끝없이 반문하게 된다. 신현복의 시에 등장하는 메타 시나 낱말 시들은 시인의 이러한 고민의 흔적들이다.

필자가 이 글에서 '낱말 시'라는 새로운 용어를 사용하고 있는 것은 그런 종류의 시들이 한결같이 낱말의 본래의 뜻을 전복시켜서 새로운 뜻을 이끌어내고 있기 때문이다. 이러한 시법은 언롱(言弄), 즉 말놀이의 일종인데, 시인의 이러한 시도는 기존의 언어가 가지고 있는 관습적인 의미를 해체시키고 그 안에 새로운 의미를 담으려는 노력의 결과물이다. 우선 말놀이로서의 '낱말 시'부터 살펴보자.

> 바탕 즉 본질을 묻는 것이다
>
> 신칸센 열차의 청소용역업체 '텟세이'란 회사는
>
> '청소란 무엇인가'란 물음으로
>
> CNN과 하버드대학까지 주목하는
>
> 세계적 기업이 되었다
>
> —「질문」 전문

실패한 것이 아니다

원래 상태로 돌아온 것이다

다시 선명해졌으니

또 시작이다

— 「무산」 전문

같은 편만 모아 놓고 더불어라며

억지로 만들려 마시라

그냥 수레 타고서 장에 가며

나누는 말이다

— 「여론」 전문

위 세 편의 시들은 한결같이 그 낱말이 지니고 있는 본래의 뜻을 해체시키고 그 안에 새로운 뜻을 담으려는 노력을 보여주고 있다. 이러한 노력은 기존의 시단에서 흔한 것이 아니라는 점에서 개성적인 측면이 보인다. 첫 번째 시 「질문」은 "모르거나 의심나는 점을 물어 대답을 구함"을 뜻하는 한자어를 그대로 사용하고 있지만, 질문의 '質' 자가 '바탕'의 뜻이 있다는 것을 전경화하여 질문이 본래 "본질을 묻는 것"임을 강조하고 있다. 화자가 예시한 '청소란 무엇인가' 하는 질문은 본질을 묻는 질문 치고는 아주 엉뚱하지만, 이러한 엉뚱함이야말로 새로운 역사를 창조해내는 원동력임을 시인은 알고 있다.

두 번째 시 「무산」역시 한자어를 다르게 쓰지 않으면서 그 한자어가 가지고 있는 본래의 뜻을 강조함으로써 "어떤 일이 성사되지 못하여 없었던 일처럼 됨"이라는 '무산'의 관용적 의미로부터 탈출을 시도하고 있다. 시인은 흩어지는 안개를 일이 성사되지 못하는 것으로 보지 않고, 안개가 걷히고 본래의 모습을 찾게 되는 것으로 새롭게 해석하고 있다.

「여론」도 한자어는 그대로이나 각 한자어가 지닌 낱말의 뜻을 살려서 수레 타고 가면서 자연스럽게 나누던 말이 여론임을 상기시키고 있다. 이것은 요즘처럼 수없이 조작되는 여론에 대한 반성을 촉구하려는 시인의 의도가 반영된 것이다.

이상에서 살펴본 바와 같이 신현복 시인의 낱말 시들은 관습적 언어가 가지고 있는 숨은 뜻을 상기 시킴으로써 그 언어와 새로운 소통을 시도하려는 노력이 보인다. 이러한 노력을 통해서 새롭게 일깨워진 언어는 다시 시인의 의식을 새롭게 일깨워서 상호주체적 대상이 새롭게 만나는 자리를 마련해준다.

말 많은 습성
여전히 다듬지 못하고
짧게 쓰는 요령만
습득하였다

표현하지 않은 말들과
생략한 문구들
행(行)에서 행간(行間)에서 온전히
살아나야 하는 것을

미안하다
시인 흉내 내느라
외려 내뱉지 못한 말들과
버려진 문구들에

말 줄이고
행(行) 잘 살리는 이가
참 시인인 것을

그래 시작 이제부터다
기왕지사 시인인 척 행세했으니
몇 행(行) 읽을수록 여운 깊게
남기고 가자

— 「시작론」 전문

이 시는 제목 그대로 시인의 시관을 담고 있는 '시작론'이다. 1연은 바로 앞에서 거론한 '낱말 시'처럼 짧은 시에 대한 반성을 담고 있다. 시인은 시가 산문처럼 말이 많아서는 안 된다는 나름대로의 시관을 가지고 있지만 그것이 언어적 정제미보다는 단지 분량의 짧음에 머물고 마는 것을 안타깝게 생각하고 있다. 2연은 시가 지니고 있는 여백의 미와 행간의 미가 가지고 있는 중요성을 강조하고 있다. 3연은 이러한 노력으로 인해서 오히려 하고 싶은 말들을 하지 못하고 버려진 문구들을 안타까워하고 있다. 그렇게 해서 얻은 결론이 4연이다.

시인에 의하면 "말 줄이고/행 잘 살리는 이"가 참 시인이다. 하지만 말을 줄이고 행을 잘 살린다는 설명이 개략적인 것이어서 구체적인 의미를 찾기란 쉽지 않다. 이처럼 시인이 되어 시를 쓰는 일은 쉬운 것이 아니다. 그의 또 다른 시 「일갈(一喝)」은 그의 시작과정을 재미있게 보여준다.

손수레에 폐지 싣고 힘겹게
사근고갯길 오르는 노파를 바라보다

세상사 인생 고단함이 어쩌구,
한참이나 서서 시상을 고민해 보지만
도무지 뜻하는 바대로 떠오르지 않는다
남들은 그럴듯하게 잘도 그려내드만
난 왜 이럴까, 필력 탓까지 이르는 그때
허공에서 새똥이 뚝, 가슴팍에 묻는다
허 별일이네 각도도 없고, 바람도 없고
일부러 맞추려도 쉽지 않겠네, 허허
별일이야, 별일 웃어넘기며 돌아서는데
노파는 이미 붉은 노을을 다 올라
더불어 언덕배기 풍경이 되어 있더라
순간 번뜩 요놈 좀 봐라, 요놈 봐
양심도 없이 은근슬쩍
표절이라니!

— 「일갈(一喝)」 전문

이 시의 화자는 손수레에 폐지를 싣고 힘겹게 고갯길을 오르는 노파를 보면서 세상사의 고단함을 주제로 시를 써보려 하지만 도무지 쉽게 시상이 떠오르지 않는다. 화자가 잘 써지지 않는 시를 자신의 부족한 필력 탓으로 돌리며 투덜거리고 있을 때 허공을 날던 새가 싼 새똥이 시인의 가슴팍에 묻는다. 이러한 일은 시인이 겪는 극히 드문 일이므로 시인에게는 '별일'에 해당한다. 시인은 새에게 화를 낼 수도 없어서 그냥 허허 웃어넘기며 돌아서는데 "노파는 이미 붉은 노을을 다 올라/더불어 언덕배기 풍경이 되어" 있다. 순식간에 저녁 풍경이 되어버린 노인의 모습이야말로 한편의 풍경화인데, 화자는 그 모습을 보면서 "순간 번뜩 요놈 좀 봐라, 요놈 봐/양심도 없이 은근슬쩍/표절이라니!"라는 불평을 늘어놓는다.

이 시의 요체는 저녁 풍경이 되어 버린 노인을 그대로 저녁 풍경으로 보지 못하고 표절로 읽어내는 화자의 인식, 즉 그의 일갈이 한편의 우스운 시를 낳고 있다. 이런 종류의 시는 일종의 아이러니 시라고 볼 수 있는데, 이 시는 이러한 인식의 어긋남조차도 한 편의 시가 된다는 것을 보여준다.

이상에서 살펴본 바와 같이 신현복의 시들은 그 바탕에 천진성의 시관이 자리하고 있다. 그의 시에는 대상을 있는 그대로 바라보면서 그 속에서 순수성을 발견해내는 '견자'로서의 모습이 보인다. 그의 이러한 노력은 기존의 인습적 개념을 해체시키고 그 안에 새로운 의미를 정립시키는 언어적 도구로서의 예언자, 즉 견자의 태도야말로 참다운 시인이 되는 요체임을 믿는 시인의 시관에 토대를 두고 있다. 기존의 낱말이 지니고 있는 관습적인 의미를 허물어 그 안에 숨어있는 새로운 뜻을 찾아내려는 노력을 보여준 그의 '낱말 시'도 이러한 결과물에 속한다. 그의 시에 녹아있는 천진성이 시인의 내면적 본질이라면 공동체 의식으로서의 '우리'에 대한 강조는 인간 뿐 아니라 모든 우주와 자연을 아우르는 유기체적 관계성 위에 놓여 있다. 따라서 신현복의 시들은 단지 쉽고 단순한 시가 아니라 나름대로의 시관과 철학이 담겨있는 시로서 기존의 천진성 시가 놓치기 쉬운 깊이를 획득하고 있다.

국립중앙도서관 출판예정도서목록(CIP)

호수의 중심 : 신현복 시집 / 지은이: 신현복. -- 서울 : 다시올, 2017
p. ; cm. -- (다시올 시인선 ; 01)

ISBN 978-89-94414-74-4 03810 : ₩10000

한국 현대시[韓國現代詩]

811.7-KDC6
895.715-DDC23 CIP2017006900

Sin Hyeonbok

다시올 시인선 011

호수의 중심

초판인쇄 2017년 3월 15일
초판발행 2017년 3월 30일

출판등록 | 제310-2007-00028

지은이 | 신현복
발행인 | 김영은
펴낸곳 | 다시올

주 소 | 서울 노원구 월계동 382-55
전 화 | 070-7431-5941
팩 스 | 031-855-0023
메 일 | maxim3515@naver.com

ISBN 978-89-94414-74-4 03810

정가 10,000원